Sunzi

Die Kunst des Krieges

SUNZI

DIE KUNST DES KRIEGES

Aus dem Chinesischen übertragen
von Dr. Hannelore Eisenhofer
nach der Ausgabe mit elf Kommentaren

NIKOL VERLAG

MIX
Papier | Fördert gute Waldnutzung
FSC® C083411

10. Auflage 2026

Satz und Layout: Nikol Verlag, Hamburg
Umschlaggestaltung: Nele Schütz Design unter Verwendung eines Motivs von Alamy
Druck und Bindung: CPI Moravia Books s.r.o.
Printed in the Czech Republic

ISBN: 978-3-86820-350-9

info@nikol-verlag.de
www.nikol-verlag.de

INHALT

孙子兵法

EINFÜHRUNG

KURZER AUSFLUG INS CHINESISCHE ALTERTUM

Sun Wu, der vor über 2.500 Jahren lebte, und dieses kleine Handbuch der Kriegführung verfasste, erfreut sich nach wie vor, vor allem im Westen, großer Beliebtheit. Ob in Managerkreisen oder unter Kampfkunstanhängern gilt die *Kunst des Krieges* , wie der Titel des Buches im Allgemeinen wiedergegeben wird, als ein Leitfaden für Personalführung, für Strategie und Menschenkenntnis, wurde aber auch bereits von Stanley Bing in seinem Buch *Sun Tzu was a Sissy* persifliert.

Krieg als Fortsetzung der Politik mit anderen Mitteln beherrschte das chinesische Altertum. Die bislang als historisch gesichert geltende Shang-Dynastie (16. bis 11. Jh. v. Chr., auch als Yin-Dynastie nach der letzten Hauptstadt benannt) war gekennzeichnet von zahlreichen Kriegszügen, die nicht nur männliche Generäle anführten. Zumindest von einer der Gefährtinnen des Königs Wu Ding ist bekannt, dass sie ein Heer anführte. Zahlreiche Waffenfunde in den Gräbern legen ein reiches Zeugnis dieser frühen Zeit ab. Anhand der Ausgrabungen, die im Gebiet der letzten Hauptstadt Yinxu im Gebiet der heutigen Stadt Anyang durchgeführt wurden, ist bekannt, dass die Shang-Dynastie ein bereits hoch entwickeltes Staatswesen besaß. Zahlreiche Orakelinschriften, die teilweise entziffert wurden, belegen die politischen und kulturellen Aktivitäten, enthalten aber auch viele Hinweise auf kriegerische Unternehmungen. Die zahlreichen Bronzegefäße, komplett niedergelegte zweirädrige Wagen mit Wagenlenker, Protoporzellan und die Verwendung von Seide zeugen von der hohen Handwerkskunst dieser Epoche, aber auch von einem gewissen Wohlstand, der sicher der Auslöser für viele kriegerische Unternehmungen gewesen sein dürfte.

Auf die Shang-Dynastie folgte die Zhou-Zeit, die in eine Westliche und Östliche aufgrund der Lage der Hauptstadt unterteilt wird. Diese Periode ist gekennzeichnet durch ein Lehenswesen, das im Lauf der Zeit für zahlreiche Kriegszüge sorgte, da die einzelnen Machthaber ihren Einfluss und ihre Territorien zu vergrößern suchten. Die frühe Zeit dieser Entwicklung der Kleinstaaterei ist die sogenannte Frühling- und Herbstperiode (770 bis 476 v. Chr.), auf die die Zeit der Streitenden Reiche folgte. Auf diesen letzten Abschnitt der

Zhou-Zeit folgte die Einigung Chinas unter Qin Shihuangdi, der die Grundlage für ein großes und mächtiges chinesisches Reich schuf.

Im Jahre 1972 wurden in der Provinz Shandong im Gebiet von Yinqueshan zwei Gräber freigelegt, die in das zweite vorchristliche Jahrhundert aufgrund der Beigaben zu datieren sind. Diese Gräber enthielten nicht nur das übliche Grabinventar, bestehend aus Keramik, Münzen usw., sondern auch Bambustäfelchen, das Schreibmaterial des alten China. Diese Täfelchen, mit Tusche beschrieben, umfassten u.a. verschiedene als Kriegsklassiker geltende Werke. Aus Grab Nr. 1 wurden 4.942 Bambustäfelchen sowie Fragmente geborgen, aus Grab Nr. 2 hingegen nur 32. Unter anderem befanden sich unter diesen Werken das hier übersetzte *Sunzi bingfa* sowie das verloren geglaubte Werk *Sun Bin bingfa*. Erstaunlich war, dass beide Werke zusammen in einem Grab niedergelegt waren, hatte man doch lange Zeit angenommen, dass das *Sunzi bingfa* und das *Sun Bin bingfa* ein Werk seien, was nun durch diesen Fund eindeutig widerlegt werden konnte.

Doch wer waren die beiden Verfasser?

Sun Wu, dessen biographische Daten in dem Geschichtswerk *Shiji* von Sima Jian enthalten sind, galt lange Zeit als umstritten, und seine Existenz wurde sogar angezweifelt, da einige nach dem Shiji entstandene Quellen keinen Hinweis auf ihn oder sein Werk enthielten.

Sunzi lebte zur Zeit der Frühling- und Herbstperiode. Außer seiner Biographie in dem von Sima Jian verfassten Geschichtswerk Shiji, das aus der frühen Han-Zeit (ca. 109 bis 91 v. Chr.) stammt, finden sich keine weiteren Angaben zu seiner Person. In der Abteilung Biographien dieses Werkes findet sich ein Eintrag über Sun Wu, der ein Mann aus dem Staate Qi war, das auf der Halbinsel Shandong lag und an den Staat Lu angrenzte, der Heimat des Konfuzius. Dank seines Werks *Bingfa* wurde Sun Wu von König Helu (514 bis 496 v. Chr.) des Staates Wu in Audienz empfangen. Der König wollte eine Demonstration des Inhalts der dreizehn Kapitel der Abhandlung in die Praxis umgesetzt sehen. Allerdings nicht an Soldaten, sondern an Hofdamen. Die ausführliche Beschreibung dieses Unternehmens sei hier in verkürzter Form, angelehnt an die Biographie von Sima Jian, wiedergegeben.

Der König Helu wünschte eine Vorführung der Kriegsführung, wie von Sun Wu beschrieben, jedoch nicht mit richtigen Soldaten, sondern mit Hofdamen. Sun Wu nahm dies als Herausforderung an, ließ die Hofdamen in Rüstungen kleiden, teilte sie zwei in Abteilungen ein und gab ihnen Hellebarden als Waffen. Er wies die Damen an, seinen Kommandos zu folgen, doch sobald er einen Befehl aussprach, wie »Augen nach links«, brachen die Hofdamen in Gelächter aus. Sun Wu wiederholte seine Befehle, jedoch ohne Erfolg. Wiederum war schallendes Gelächter die Folge. Nun, da er seine Befehle klar und deutlich gegeben hatte und diese auch verstanden, aber nicht befolgt wurden, konnte es nur an den Offizieren liegen. Er ließ deshalb die »Offiziersdamen« hervortreten und enthaupten. Als der König sah, dass seine zwei Lieblingskonkubinen ihr Leben lassen sollten, schickte er einen Boten zu Sun Wu, der um Aufhebung der Exekution bat. Sun Wu jedoch widersprach mit dem Argument, dass er als der führende General die absolute Macht über die Soldaten habe und der König darauf keinen Einfluss mehr nehmen könne. Die Exekution wurde vollzogen und siehe da, alle Hofdamen konnten ohne Einwand und Gelächter die Befehle einwandfrei ausführen.

Sun Wu hatte damit bewiesen, dass Disziplin die Grundlage jeden militärischen Erfolges bildet. Der König war von Sun Wus Fähigkeiten überzeugt und machte ihn zum General über seine Truppen.

Über das Leben von Sun Wu, dessen zweiter Bestandteil des Namens »Krieger« bedeutet, ist nichts weiter bekannt. Sein Werk jedoch ging in die Geschichte ein und wurde von jeder Dynastie hoch geschätzt.

Nach dem Fund der Bambustäfelchen konnte Sun Bin als der Verfasser der zweiten Abhandlung über Kriegstaktiken als ein Nachkomme von Sun Wu ermittelt werden. Das zeigt nicht nur, dass derlei Traktate nach wie vor von Bedeutung waren, sondern auch, dass innerhalb einer Familie die Auseinandersetzung mit Krieg und Kriegstaktiken gepflegt wurde. Nicht alle Bambustäfelchen, die Sun Bin zugerechnet werden, waren wirklich zu entziffern und da seine Abhandlung Teile enthält, die mit den Aussagen Sun Wus übereinstimmen, ist davon auszugehen, dass *Sun Bin bingfa* eine Weiterführung oder Ergänzung des erstgenannten Werkes ist.

Die hier vorliegende Übersetzung folgt dem chinesischen Text, unterstützt von elf Kommentaren, die bereits früh zu dieser Abhandlung über Kriegstaktiken in China verfasst wurden. Da das klassische Chinesisch sich in knappen Sätzen ausdrückte, die nach dem Prinzip Parallelität oder These und Antithese aufgebaut waren, herrschte bereits wenige Jahrhunderte nach dem Tod von Sun Wu Klärungsbedarf hinsichtlich des Inhalts der Aussagen, die aufgrund der Knappheit nicht immer verständlich waren. Damit der Text auch dem westlichen Leser verständlich wird, wurden die bereits früh verfassten Kommentare zum Teil in die Übersetzung eingearbeitet.

Erste Übersetzungen

Der französische Jesuitenpater und Missionar Jean Joseph Marie Amiot soll als erster *Sunzi bingfa* ins Französische im Jahre 1782 übersetzt haben und es heißt, das Buch habe auf Napoleon Bonaparte großen Einfluss ausgeübt. Der Titel des Buches lautete *Les Treize Articles.* Die Übersetzung ist ausführlich und ist eher eine Interpretation, um die Gedankengänge *Sunzis* einem französischen Publikum leichter zugänglich zu machen.

Im Jahre 1805 übersetzte Captain E. F. Calthrop das Buch ins Englische. Die Übersetzung lehnt sich stärker an das Original an, als das von Amiot und ist, wie die Vorlage, knapp in der Aussage. Weitere Übersetzungen folgten, unter anderem von Lionel Giles, Sohn des Sinologen Herbert Giles, der das Buch 1910 herausbrachte. Giles fügte zwischen die Originaltextteile Beispiele ein, die das behandelte Thema verdeutlichen sollten. Die meisten der heute erhältlichen Ausgaben basieren auf den englischen Übersetzungen.

Der chinesische Text, der, wie gesagt, bereits früh kommentiert wurde, ist in der chinesischen Ausgabe von elf Kommentaren umgeben. Cao Cao, selbst Militärführer, Staatsmann und Gründer des Reiches Wei nach dem Zusammenbruch der Han im 3. Jh., Sima, Verfasser einer militärischen Abhandlung namens *Sima-fa*, Ouyang Xiu, Historiker, Essayist und Dichter der Song-Dynastie (960 bis 1279), sowie andere Gelehrte erläuterten aus ihrer Sicht die Abhandlung *Sunzis*, die nicht nur Erfahrung im Kriegshandwerk beweist, sondern in der Menschenführung, was das Werk auch heute nach über 2.500 Jahren noch immer aktuell sein lässt.

始計

KAPITEL 1

PLANUNG
UND VORBEREITUNG

Sunzi sprach:
Der Krieg ist für einen Staat eine bedeutende Angelegenheit, denn er entscheidet über Leben und Tod und kann zum Untergang oder Weiterbestehen eines Staates führen. Auf jeden Fall ist Krieg eine Angelegenheit, die einer genauen Untersuchung unterzogen werden muss. Aus diesem Grund sind für den Erfolg fünf Faktoren zu berücksichtigen, die für die Dauer und die Berechnung der Kapazitäten ausschlaggebend sind. Diese fünf Faktoren sind folgende:

1. Die Führung[1]
2. Der Himmel
3. Die Erde
4. Der General
5. Die Taktik.

Die Führung bedeutet, dass das Volk mit dem Willen des Herrschers eins ist, und es für ihn sterben oder leben, und sich nicht gegen ihn stellen wird.

---

1 Wörtlich der Weg »Dao«, der hier für das moralische Verhalten des Herrschers steht.

Der Himmel ist dem Wetter gleichzusetzen, Tag und Nacht[2], Kälte und Hitze sowie den Jahreszeiten. Günstiges oder ungünstiges Wetter kann für den Sieg entscheidend sein.

Die Erde ist das Schlachtfeld, das hoch oder tief, breit oder eng, fern oder nah, schwer oder leicht einzunehmen sein kann, was über Leben und Tod entscheidet.

Der General muss Weisheit, Vertrauenswürdigkeit, Mitmenschlichkeit, Mut und Strenge besitzen.

Die Taktik umfasst die richtige Einteilung und Rangordnung des Heeres, der Offiziere und das Kommando, sowie die finanziellen Mittel.

---

2 Wörtlich Yin und Yang. Yang steht für die Sonne, das Strahlende, die Helligkeit und den Tag, aber auch den Sommer und gilt gleichzeitig als das männliche Element. Yin, das für das weibliche Element steht, ist die Dunkelheit, die Nacht, das Feuchte und Kühle und steht auch für Erde.

Diese fünf Faktoren muss der General genau kennen. Ist er sich dieser Faktoren bewusst, führt das zum Sieg, wenn nicht, zur Niederlage, weshalb die Planung diese Faktoren und deren Beschaffenheit zum eigenen Vorteil berücksichtigen muss.

Dabei stellt sich wiederum die Frage nach der Weisheit des Herrschers und den Fähigkeiten des Generals, aber auch die Frage nach dem Wetter und der Beschaffenheit des Schlachtfeldes, der Taktik und des Kommandos, der Stärke der Soldaten, der Ausbildung der Offiziere und der Gerechtigkeit von Belohnung und Strafe. Wenn ich diese Fragen beantworten kann, weiß ich, wer der Sieger sein wird.

Wenn der General meinen Plan verstanden hat und ihn beherzigt, wird er auf jeden Fall siegen, und ich werde ihn weiterhin in meinen Diensten behalten; hat er jedoch meinen Plan nicht verstanden, ist er zum Scheitern verurteilt und wird davongejagt.

Die eigenen Vorteile zu berechnen, aber auch die Gesamtlage begriffen zu haben, trägt dazu bei,

auch in ungewöhnlichen Situationen sich den Vorteil und die Macht zu sichern.
Krieg ist Täuschung. Wer fähig ist, zeigt Unfähigkeit, wer aktiv ist, zeigt Untätigkeit. Wer nahe ist, demonstriert dem Feind noch fern zu sein und wer fern ist, zeigt Nähe. Ködere den Feind, indem du ihm einen Vorteil einräumst, täusche Verwirrung vor und entziehe dich ihm. Wenn er sich sicher glaubt, sei vorbereitet, wenn er stärker ist, meide ihn. Ist er von hitzigem Temperament, so reize ihn. Gib vor schwach zu sein, damit er sich überlegen fühlt. Ist der Feind untätig, lass ihm keine Ruhe, zerstreue sein Heer, wenn es vereint ist. Greif ihn an, wenn er unvorbereitet ist und dich nicht erwartet. Der Sieg über einen solchen Gegner darf nicht im Voraus bekanntgegeben werden. Ein General, der vor dem Kampf alles bis ins kleinste Detail kalkuliert, wird siegen, und er hat vieles zu berücksichtigen. Wer jedoch vor dem Kampf nur wenig bedenkt, wird verlieren. Wer alles bedenkt, wird siegen, wer wenig bedenkt, wird besiegt und wehe dem, der nichts bedacht hat! Anhand dieser Vorbereitungen und Ansichten kann ich den Sieger bereits erkennen.

作战

KAPITEL 2

IN DEN KRIEG ZIEHEN

Sunzi sprach:
Für einen Krieg wird Folgendes benötigt: eintausend Streitwagen, vor die vier Streitrosse[3] gespannt werden, eintausend schwere Streitwagen[4] und einhunderttausend gepanzerte Soldaten. Proviant für eintausend Meilen, finanzielle Mittel für den Aufenthalt im Feld und für Zuhause, Bewirtung von Gästen, Klebstoff- und Lackvorräte für die Reparaturen, Unterhalt der Wagen und Rüstungen werden täglich eintausend Geldstücke verschlingen. Mit diesen Mitteln kann eine Armee von hunderttausend Mann aufgestellt werden.

Auf den tatsächlichen Kampf angewandt bedeutet ein Sieg, der lang auf sich warten lässt, dass die

---

3 Die hier genannten Wagen mit vier nebeneinander vorgespannten Pferden sind durch die Funde in den Anlagen um das Grabmal des ersten Kaisers Qin Shihuangdi belegt. Die Wagen waren zweirädrig und wurden von einem einzigen Wagenlenker bedient.

4 Streitwagen wurden erst später durch die Kavallerie ersetzt. Unter dem ersten Kaiser war die Kavallerie, gerüstet mit leichten Sätteln, die mit einem Gurt festgezurrt wurden, im Kampf wesentlich effektiver als die Streitwagen, auf denen die Kämpfer mit einer Dolchlanze kämpften.

Waffen stumpf werden und ihre Schärfe verlieren. Belagert man eine Stadt, erschöpft sich die Kraft und führt zum Ruin, sodass selbst die Mittel des Staates nicht mehr ausreichen. Sind die Waffen der Soldaten erst einmal stumpf geworden und der Kampfgeist erlahmt, die Kräfte erschöpft und die Vorräte aufgebraucht, werden alle anderen Fürsten diese Schwäche ausnutzen und sich erheben. In solch einem Fall kann auch der Klügste die Lage nicht zum Besseren wenden.

Wenn bekannt wird, dass ein Krieg hastig geführt wird, bedeutet das nicht unbedingt Klugheit, doch wenn der Krieg lange andauert, ergibt sich für den Staat daraus kein Vorteil. Wer sich nicht vollkommen im Klaren darüber ist, welchen Schaden ein Krieg anrichten kann, ist auch nicht in der Lage, den Krieg zu seinem Vorteil zu nutzen.

Wer Material und Truppen richtig einsetzt, muss kein zweites Mal rekrutieren und seinen Proviant nicht ein zweites Mal auf die Wagen laden. Material für den Krieg bezieht man vom Staat, aber Nahrung für die Truppen holt man vom Feind, auf diese Weise hat das Heer immer genug zu essen.

Ein Staat kann durch seine Armeen verarmen. Sind sie weit entfernt, ist der Transport über weite Strecken zu bewältigen, was für die Bevölkerung Armut mit sich bringt. Sind die Armeen in der Nähe, steigen in deren Umgebung die Preise, was wiederum dazu führt, dass die Ressourcen der Bevölkerung aufgebraucht werden und die Kriegsabgaben steigen. Die großen Anstrengungen, die erschöpften Mittel fegen die Häuser im Landesinneren leer, und ein Sechstel der Gelder der Bevölkerung ist aufgebraucht. Und im Hinblick auf die Mittel des Staates werden für zerbrochene Streitwagen, erschöpfte Pferde, Rüstungen und Helme, Pfeil und Bogen, Lanzen und Speere, Schilde und hölzerne Türme für die Bogenschützen, große Ochsenkarren und schwere Wagen die Reserven zu einem Siebtel aufgebraucht.

Ein kluger General strengt sich deshalb an und versucht dem Feind die Vorräte abzunehmen. Ein Zhong[5] an Lebensmitteln des Feindes wiegt zwanzig Zhong der eigenen Vorräte auf. Ein Pi-

5 Ein Zhong war ein Hohlmaß in der Zhou-Zeit und entsprach vier Scheffel.

kul[6] Getreide des Feindes wiegt zwanzig Pikul der eigenen Getreidevorräte auf.

Die Soldaten sind in Rage zu versetzen, damit sie den Feind vernichten. Wer einen Feind gefangen nimmt und dessen Vorräte holt, soll belohnt werden. Wenn beim Wagenkampf zehn oder mehr Wagen eingenommen wurden, ist der zu belohnen, der als erster Hand an die Wagen gelegt hat. Die Standarten sind gegen die eigenen einzutauschen, die Wagen den eigenen Reihen einzufügen und die begleitenden Soldaten sind gut zu behandeln und zu pflegen. Das heißt, durch den Sieg über den Feind die eigenen Kräfte zu stärken. Das Ziel des Krieges ist der Sieg und nicht eine lange Dauer.

Daher ist der Heerführer Herrscher über Leben und Tod des Volkes, über Frieden oder Untergang des Reiches.

6 Ein Pikul entspricht 60,48 kg.

謀攻

KAPITEL 3

STRATEGISCHER ANGRIFF

Sunzi sprach:
Allgemeine Taktiken des Krieges sind: Am besten wird das gesamte Land eingenommen, ohne es zu zerstören. Es ist besser die gesamte Armee einzunehmen, als sie zu vernichten. Es ist besser die gesamte Brigade einzunehmen, als sie zu vernichten, und es ist besser alle Soldaten einzunehmen, als sie zu schlagen. Es ist besser die gesamte Fünferschaft einzunehmen, als sie zu vernichten. Hundert Schlachten zu schlagen und hundert Siege zu erringen, ist nicht ein Zeichen von Perfektion. Wer den Feind ohne Schlacht besiegt, versteht sich wirklich auf die Kriegführung.

Die beste Angriffsstrategie ist die Allianzen zu zerschlagen, dann die Armee und zuletzt die Städte. Für die Eroberung von Städten werden drei Monate Vorbereitungszeit für den Aufbau der hölzernen Türme für die Bogenschützen, der schweren Streitwagen und anderer Geräte benötigt. Weitere drei Monate werden vergehen bis der Schanzwall gebaut ist. Ein General, der von einem Sieg in seinem Herzen nicht überzeugt ist, lässt seine Soldaten wie Ameisen ausschwärmen und ein Drittel seiner Offiziere und Soldaten wird dabei getötet werden, während die Stadt nicht nachgibt. Das ist ein katastrophaler Angriff.

Wer den Krieg gut zu nutzen weiß, unterwirft die feindlichen Armeen ohne Schlacht, nimmt ohne Angriff und Belagerung eine Stadt ein und erobert das feindliche Land ohne lange Schlachten. Indem der Kampf ganzheitlich auf das Reich ausgerichtet ist, werden die Soldaten nicht abgestumpft, sondern bleiben wachsam. Das ist ein strategischer Angriff.

Die anzuwendende Strategie ist folgende: Wenn das Verhältnis zehn zu eins ist, wird der Feind von allen Seiten umzingelt, bei einem Verhältnis von fünf zu eins wird er angegriffen und bei zwei zu eins teile die Armee auf, und man kann den Feind in der Schlacht von zwei Seiten angreifen. Ist man in der Minderzahl, ist der Feind zu beobachten, und wenn man ihm nicht gewachsen ist, sollte man vor ihm fliehen. Eine kleine Gruppe Soldaten kann dem Feind zwar widerstehen, doch wird sie letztendlich von einer größeren feindlichen Streitmacht gefangengenommen.

Der General gleicht einem Schutzwall für den Staat. Ist dieser Schutzwall an allen Seiten intakt, ist der Staat stark, weist er jedoch Lücken auf, ist der Staat schwach.

Ein Herrscher kann auf dreierlei Arten seiner Armee schaden: Ohne zu wissen, dass seine Armee nicht vorrücken kann, befiehlt er ein Vorrücken und ohne zu wissen, dass seine Armee nicht fliehen kann, befiehlt er ihr zu fliehen, was die Armee und ihre Handlungsfähigkeit einschränkt. Versucht er überdies die Armee in gleicher Weise wie den Staat zu verwalten, ohne zu wissen wie eine Armee aufgebaut ist und funktioniert, sorgt er für Verwirrung bei Soldaten und Offizieren. Er ruft Zweifel bei den Soldaten und Offizieren hervor, wenn er die Aufgaben und Rechte einer Armee nicht kennt. Sind Armee und Offiziere im Zweifel und verwirrt, lassen Schwierigkeiten, die andere Fürsten bereiten werden, nicht lange auf sich warten! Einer solchen im Chaos befindlichen Armee kann kein Sieg zuteilwerden.

Um siegen zu können, sind fünf Faktoren wichtig:

- Nur derjenige wird siegen, der genau weiß, ob er kämpfen kann oder nicht.
- Wer weiß, wie man viele oder wenige Soldaten einsetzt, wird siegen.
- Wenn der einfache Soldat und der Offizier vom gleichen Geist erfüllt sind, ist der Sieg sicher.
- Wer auf alles vorbereitet ist und wartet, bis der Feind unvorbereitet ist, wird siegen.
- Ein fähiger General wird siegen, wenn ihm der Fürst nicht im Wege steht und sich einmischt.

Wer diese fünf Faktoren beherzigt, dem ist der Sieg sicher.

Wer im Krieg den Feind und sich selbst kennt, läuft selbst in hundert Schlachten nicht Gefahr unterzugehen. Wer sich selbst kennt, aber nicht den Feind, wird für jeden Sieg eine Niederlage einstecken müssen. Wer aber weder sich selbst noch den Feind kennt, muss jede Schlacht fürchten.

軍形

KAPITEL 4

ABHANDLUNG ÜBER DEN EINSATZ

Sunzi sprach:
Die guten Feldherren des Altertums sorgten zuerst dafür, selbst nicht besiegt zu werden und warteten, bis sie den Feind besiegen konnten. Es liegt in unserer Hand, nicht besiegt zu werden, doch die Gelegenheit den Feind zu besiegen, liefert er uns selbst. Deshalb heißt es, zu wissen wie man siegt, ohne selbst in der Lage dazu zu sein.

Wer nicht siegen kann, schützt sich und wer siegen kann, greift an. Sich selbst zu schützen bedeutet Kräfte zu sparen, anzugreifen hingegen über zu wenige zu verfügen[7]. Die guten Feldherren des Altertums verstanden sich auf den Schutz und die Verteidigung, sie verbargen sich in allen neun Himmelsrichtungen[8] und stürzten dann von allen Seiten kommend auf den Feind hernieder, sodass ihr eigener Schutz gewährleistet und der vollkommene Sieg errungen werden konnte.

---

7 Der obige Satz ist in den bisher übersetzten Texten im Vergleich zu den 1972 ausgegrabenen Texten auf Bambustäfelchen genau umgekehrt, das heißt bei der Verteidigung/Schutz verfügt man nicht über ausreichende Kräfte, beim Angriff über genügend.

8 Anmerkung: Im Chinesischen gilt die Mitte ebenfalls als eine Himmelsrichtung.

Betrachtet man den Sieg als solchen näher, ist er nichts besonderes, das über das Wissen des normalen Mannes hinausgeht. Wer kämpft und siegt wird im ganzen Reich als gut bezeichnet, doch auch das ist nichts besonderes. Es gehört nicht allzu viel Kraft dazu, ein ausgefallenes Tierhaar im Herbst aufzuheben; und Sonne und Mond zu sehen, zeugt nicht unbedingt von scharfen Augen, ebenso wenig wie das Hören des Donners nicht auf ein gutes Gehör schließen lässt. Wer mit Leichtigkeit siegt, wird als ein Feldherr bezeichnet, der etwas von seinem Handwerk versteht. Wenn ein guter Feldherr eine Schlacht anführt, wird der Sieg nichts Außergewöhnliches sein, und weder von Ruhm noch von Tapferkeit oder Geschicklichkeit zeugen. Da dessen Sieg ohne Makel ist und er weiß, wie der Sieg zu erringen ist, bedeutet der Sieg nichts anderes als einen bereits geschlagenen Feind zu überwältigen. Der erfahrene Feldherr steht fest auf unzerstörbarem Grund und lässt keine Gelegenheit aus, den Feind zu vernichten. Die siegreiche Armee siegt zuerst und kämpft danach, die geschlagene Armee kämpft zuerst und sucht danach den Sieg zu erringen. Der gute Feldherr vervollkommnet den moralischen Weg und hütet das Gesetz, und ist deshalb in der Lage, Sieg und Niederlage richtig einzuschätzen.

Im Krieg gibt es fünf Taktiken, die zu beherzigen sind:

- Abmessen des Terrains
- Einschätzen der Kapazität der Bevölkerung
- Berechnen der Anzahl der Soldaten
- Vergleich zwischen den Armeen
- Berechnung von Sieg und Niederlage.

Das Terrain ist abzumessen, woraus sich die Kapazität, das heißt die Bevölkerungszahl, ergibt, aus der wiederum die Anzahl der Soldaten errechnet wird, die mit der des Feindes zu vergleichen ist. Werden diese vier Faktoren berücksichtigt, ist ein Sieg vorhersehbar. Aus diesem Grund ist die siegreiche Armee mit einem Yi[9] gegenüber einem Zhu[10] auf der Waagschale zu vergleichen. Die

9 Yi ist ein altes Maß, entsprechend 24 Liang, oder einem Kilogramm.

10 Zhu entspricht $^{1}/_{24}$ Liang.

geschlagene Armee hingegen kommt einem Zhu gegenüber einem Yi gleich. Den Sieg abzuwägen bedeutet, dass die siegende Armee wie Wasser ist, das in eine tiefe Schlucht stürzt. Das ist der Einsatz der eigenen Kapazitäten.

兵勢

KAPITEL 5

KRAFT

Sunzi sprach:
Viele Soldaten zu leiten ist nicht anders als wenige zu führen, es ist alles eine Frage der richtigen Aufteilung ihrer Anzahl. Ob man mit vielen oder wenigen Soldaten kämpft, ist unerheblich, wichtig sind die Formation, die Kennzeichnung mit Standarten und die richtigen Signale. Eine große Armee kann dem Feind ohne Niederlage widerstehen, indem sie zum offenen Angriff übergeht und gleichzeitig überraschend aus dem Hinterhalt angreift. Der richtige Einsatz der Soldaten wirkt wie ein Schleifstein, der auf eine Eierschale trifft, es ist das Prinzip von leer und voll.

Allen Schlachten ist zu Eigen, dass die Armeen aufeinandertreffen, doch der Sieg wird durch den Überraschungsangriff entschieden. Wer sich auf die Kriegführung versteht, baut auf der Überraschungstaktik auf, wodurch die Kräfte der Armeen unerschöpflich werden wie Himmel und Erde und nicht zur Neige gehen wie Flüsse und Meer. Diese Angriffe enden und beginnen von neuem wie Sonne und Mond, es ist ein Sterben und Wiederauferstehen, gleich den vier Jahreszeiten. Es gibt nur fünf Töne, doch durch verschiedene Kombinationen entstehen mehr Klänge, als man jemals hören kann. Es gibt nur fünf Farben, doch indem man sie mischt, bieten sie eine Vielfalt an Schattierungen, die das Auge nicht alle erfassen kann. Die Geschmacksrichtungen sind nicht mehr als fünf, doch die unterschiedliche Zusammensetzung erschafft so viele Nuancen, dass man sie nicht alle kosten kann. In der Schlacht und im Krieg gibt es nur die Situation des offenen und des verdeckten Kampfes, aber in Kombination liefert er ungeahnte Möglichkeiten. Der verdeckte und der offene Kampf bedingen sich gegenseitig, sie sind wie ein fortwährender Kreislauf ohne Anfang und Ende, wie sollten sie sich jemals erschöpfen?

Die Geschwindigkeit des Wassers kann Steine hinwegspülen, das ist Kraft. Das Herabstoßen eines Raubvogels, um sein Opfer zu vernichten, das ist Entschlossenheit. Wer sich gut auf den Kampf versteht, prüft seine Kraft und fällt eine sofortige Entscheidung. Kraft ist wie das Spannen der Armbrust, Entscheidung ist das Auslösen des Mechanismus, den Pfeil abzuschießen.

Im heillosen Durcheinander des Kampfgetümmels scheint nur Chaos zu herrschen und es ist dennoch kein Chaos. Inmitten des scheinbaren Durcheinanders muss das Heer ohne Anfang und Ende erscheinen, und es wird nicht besiegt werden. Chaos zu verursachen und es zu beherrschen, Ängstlichkeit vorzutäuschen und dennoch tapfer zu sein, Schwäche vorzutäuschen und dabei stark zu sein, sind die Listen des guten Kriegers. Das Chaos zu beherrschen ist auf vielerlei Weise möglich. Tapferkeit hinter Feigheit zu verstecken, ist ein Zeichen der inneren Kraft, Stärke hinter Schwäche zu verbergen, ist der äußere Schein, um den Feind zu täuschen.

Wer sich darauf versteht, den Feind in Bewegung zu halten, nutzt den äußeren Schein, damit der Feind dieser Täuschung folgt. Er gaukelt dem Feind eine leichte Beute vor, damit dieser zuschlägt, um sie sich zu holen. Der kluge Feldherr hält den Feind auf Trab, indem er ihm vermeintliche Vorteile aufzeigt, er selbst aber mit seinen Männern auf der Lauer liegt und den richtigen Zeitpunkt abwartet.

Deshalb ist der kluge Feldherr um Kraft bemüht und handelt nicht auf Kosten des Einzelnen, er sucht instinktiv die richtigen Männer aus und überträgt ihnen Verantwortung. Männer mit Verantwortung walzen im Kampf den Feind nieder wie unaufhaltsam rollende Steine oder Baumstämme. Ein Fels oder Baumstamm ist ungefährlich in der Ruhe, aber gefährlich, sobald er in Bewegung gerät. Eckiges kann aufgehalten werden, aber Rundes bewegt sich unentwegt weiter. Gute Kämpfer sind deshalb wie eine Geröllawine, die unaufhaltsam den Berghang hinunterstürzt. Das ist Kraft.

虛實

KAPITEL 6

WAHRHEIT UND UNWAHRHEIT

Sunzi sprach:
Wer sich zuerst auf dem Schlachtfeld einfindet und dort auf den Kampf mit dem Feind wartet, ist gerüstet, wer als zweiter auf dem Schlachtfeld eintrifft, muss sich sputen und anstrengen. Ein guter Feldherr weiß, wie er dem Feind seinen Willen aufzwingen kann und lässt sich vom Feind nicht beherrschen. Wenn der Feind nach seinem Plan handelt, ist er im Vorteil, ist er dazu nicht in der Lage, gereicht ihm das zum Nachteil.

Sobald der Feind sich ausruhen will, kann er ihn in Schwierigkeiten bringen, und wenn er seine Vorräte verbraucht hat, kann er ihn aushungern. Tauche an verschiedenen Stellen auf, sodass der Feind dorthin eilen muss. Eine Armee kann furchtlos tausend Meilen durch ein Gebiet marschieren, in dem sich kein Feind befindet. Greife die Stellen des Feindes an, die ungeschützt sind, und du wirst Erfolg haben. Der eigene Schutz muss stark sein, selbst dort, wo kein Angriff zu erwarten ist. Bei einem guten Angreifer weiß der Feind nicht, wo er sich verteidigen soll und bei einem guten Verteidiger weiß der Feind nicht, wo er angreifen soll. Das Geheimnis liegt darin, sich möglichst unsichtbar zu machen und keinen Laut von sich zu geben, um dann das Schicksal des Feindes in die eigene Hand zu nehmen. Rücke dort vor, wo der Feind keine Abwehr hat und zieh dich zurück, wenn er dich nicht verfolgen kann, und sei fern, sodass er dich nicht erreicht. Wenn ich Krieg führen will, selbst wenn der Feind sich hinter hohen Palisaden oder in einer tiefen Schlucht verschanzt hat, kann ich ihn zum Kampfe zwingen, indem ich ihn dort angreife, wo er sich retten muss. Wenn ich aber nicht kämpfen will, kann uns der Feind keinen Kampf aufzwingen, selbst wenn wir unsere Verteidigungslinie nur auf der Erde eingezeichnet haben, denn ich lenke ihn in eine falsche Richtung.

Ich bin unsichtbar, der Feind aber sichtbar, ich bin konzentriert, der Feind aber unaufmerksam. Ich bin gesammelt und daher eins mit meiner Armee, der Feind aber ist zerstreut und an zehn Punkten gleichzeitig, sodass es beim Angriff zehn gegen eins steht. Wir sind in der Überzahl und der Feind ist unterlegen, sodass viele die wenigen besiegen können und dann greife ich dort an, wo er uns nicht erwartet. Der Feind wird an vielen Stellen versuchen vorbereitet zu sein, ich aber greife nur an wenigen an. Indem er seine Vorhut ausrüstet, vernachlässigt er die Nachhut, und wenn er die Nachhut verstärkt, vernachlässigt er die Vorhut. Verstärkt er die linke Flanke, schwächt er gleichzeitig die rechte, und verstärkt er die rechte Flanke, muss er von der linken Flanke Soldaten abziehen. Indem er alle Seiten verstärken will, schwächt er alle. Unterlegen ist, wer sich auf allen Seiten vorbereiten will, überlegen ist, wer sich die Vorbereitung des Feindes zunutze macht.

Wenn ich den Tag und den Ort der Schlacht kenne, kann ich tausend Meilen marschieren und kämpfen. Wenn ich jedoch weder Ort noch Zeitpunkt weiß, kann die Vorhut der Nachhut nicht zu Hilfe eilen und die Nachhut ist nicht in der Lage der Vorhut beizustehen, die linke Flanke kann die rechte nicht unterstützen und umgekehrt. Noch schlimmer wird es, wenn die Truppenteile ein Dutzend Meilen auseinander sind, oder auch nur ein paar Meilen.

Nach meiner Berechnung sind die Soldaten von Yue zwar zahlenmäßig überlegen, doch das entscheidet nicht über Sieg oder Niederlage. Der Sieg kann dennoch errungen werden! Wenn der Feind zahlenmäßig überlegen ist, muss ein Kampf vermieden werden.

Wir bringen den Feind dazu seine Pläne offenzulegen, damit wir deren Schwächen erkennen. Wir zwingen ihn seinen Grund für Aktivität und Passivität preiszugeben. Wir bringen ihn dazu sich zu erkennen zu geben, um zu wissen, wo er leben und sterben wird. Wir reizen ihn, um zu wissen, wo seine Schwachstellen und Stärken sind. Die höchste Kunst des Kriegers besteht darin unsichtbar und formlos zu sein, sodass auch der feindliche Spion tief in den eigenen Reihen nichts ausspähen und der Klügste nichts ahnen kann. Da du den Feind kennst, kannst du eine Überzahl besiegen, und jeder weiß, wie ein Sieg auszusehen hat, was aber der gemeine Mann nicht weiß, ist dass du selbst die Form des Sieges bestimmt hast. Der Sieg in einer Schlacht ist immer einmalig und kann nicht in der gleichen Form wiederholt werden, sondern muss den unendlich verschiedenen Bedingungen angepasst werden.

Ein gutes Militär gleicht dem Lauf des Wassers, der die Höhe meidet und rasch in die Tiefe führt. Im Krieg ist es besser, die Realität zu verbergen und stattdessen unter Vorspiegelung falscher Tatsachen anzugreifen.

Der Lauf des Wassers wird durch die Erdformation bestimmt, der Sieg über den Feind wird errungen, indem man ihn kontrolliert. Der Krieg passt sich den Situationen und Bedingungen an, so wie Wasser keine bestimmte Form hat. Wer sich dem Feind anpassen kann, ist in der Lage, sich den Sieg zu holen und hat den Geist des Krieges begriffen. Die fünf Elemente bestehen stets nebeneinander und die vier Jahreszeiten lösen einander im Rhythmus ab. Es gibt kurze und lange Tage, und der Mond nimmt ab und zu.

軍争

KAPITEL 7

DIE SCHLACHT

Sunzi sprach:
Es ist eine allgemeine Regel, dass im Krieg der General die Befehle des Herrschers empfängt, die Truppen versammelt und zu einem Heer zusammenführt, dass Allianzen geschlossen und wieder aufgegeben werden. Doch nichts ist so schwierig wie die Schlacht selbst. Die Schwierigkeit der Schlacht liegt darin, das Krumme in Gerades und den Schaden in Vorteil zu verwandeln. Nimm einen gewundenen Weg und nutze ihn zu deinem Vorteil. Sei hinter dem Feind, aber komme als Erster an. Das ist das Wissen, wie man sich Gewundenes und Gerades zunutze macht.

Die Schlacht bedeutet Gewinn, aber auch Risiko. Du magst dein Heer in die Schlacht führen, um dir einen Vorteil zu sichern, und hast dennoch keinen Erfolg. Du schickst dein Heer in die Schlacht für einen Vorsprung zu kämpfen und riskierst dabei, dass deine Versorgungswagen schwere Verluste erleiden. Wenn du deiner Armee befiehlst, die Rüstungen zu schürzen, Tag und Nacht einem Vorteil ohne Rast hinterherzujagen, die doppelte Wegstrecke zu bewältigen und einhundert Meilen in kürzester Zeit zurückzulegen, nur um dir einen Vorteil zu verschaffen, ist es für den Feind ein Leichtes, sich drei deiner Generäle zu bemächtigen. Die zähesten Männer sind in der Vorhut und die schwächsten in der Nachhut. Als Folge davon wird nur ein Zehntel deiner Armee ankommen. Marschierst du fünfzig Meilen, um für einen Vorsprung zu kämpfen, bringst du den obersten Heerführer zum Straucheln und nur die Hälfte wird ankommen. Marschierst du dreißig Meilen, um für einen Vorteil zu kämpfen, werden nur zwei Drittel deiner Soldaten ankommen. Deshalb ist eine Armee ohne Nachschub und Versorgung zum Scheitern verurteilt, ohne Proviant zum Untergang und ohne Aufgaben und Verantwortung zum Verderben.

Deshalb solltest du keine Allianz eingehen, wenn du die Pläne und Absichten der anderen Fürsten nicht kennst. Wer nicht weiß, wo Berge und Wälder liegen, die Gefahren und Hindernisse der Route nicht kennt und Sümpfe und Marschland nicht unterscheiden kann, sollte keine Armee anführen. Wer keine einheimischen Führer einsetzt, kann die Beschaffenheit des Terrains nicht kennen. Krieg beruht auf Täuschung, Vorteil auf Bewegung, geteilt und vereint sein auf Veränderung. Sei schnell wie der Wind, und verharre ruhig wie der Wald, sei wie das Feuer, wenn du beim Feind einfällst und plünderst. Sei unbeweglich wie ein Berg. Sei schwer zu fassen wie ein Schatten, und sei schnell wie ein Blitz. Wenn du plünderst, verteile die Beute unter deinen Soldaten und wenn du dein Gebiet erweiterst, teile den Gewinn. Wäge die Macht genau ab, bevor du einen Zug machst. Dem gebührt der Sieg, der Krummes und Gerades zu nutzen weiß. So werden Schlachten geführt.

Im Buch *Armee und Angriff*[11] heißt es: »Wenn Worte nicht zu hören sind, nimm Trommeln und Gongs. Wenn man sich gegenseitig nicht sehen kann, nimm Banner und Standarten.« Trommeln und Gongs sind wie die Ohren der Soldaten, Banner und Standarten wie ihre Augen. Die gesamte Armee muss konzentriert und in sich geschlossen sein, sodass der Mutige es nicht wagen wird, al-

---

11 Über das hier zitierte Werk, das in den Kommentaren zu *Sunzi* als Klassiker genannt wird, ist nichts weiter bekannt.

lein vorzurücken und der Ängstliche sich allein zurückzuziehen. Das ist die Regel für die Armee. Beim Kampf in der Nacht kommen Fackeln und Trommeln zum Einsatz, bei der Schlacht am Tage viele Standarten und Banner, um die Augen und Ohren des Feindes zu verwirren. Das kann dazu führen, dass das Heer seinen Kampfgeist verliert und der Heerführer seiner Geistesgegenwart beraubt wird. Am Morgen ist der Kampfgeist noch wach, mittags wird er träge und am Abend ist er abgestumpft. Ein kluger Taktiker vermeidet den Kampf, wenn der Kampfgeist des Feindes noch ausgeprägt ist, er greift an, wenn er träge und abgeschlagen ist. Das ist der richtige Umgang mit dem Kampfgeist.

Mit Disziplin tritt der weise Feldherr dem Chaos entgegen und mit Ruhe dem Tumult. Das ist die Beherrschung des Geistes. Mit Nähe begegnet er der Ferne und mit Gelassenheit der Anstrengung, Hunger begegnet er mit Mengen an Nahrung und damit meistert er die Situation. Er stört nicht die wohlfeile Ordnung der Banner und greift keine geordneten Schlachtformationen an. Das heißt sich verändernde Situationen zu beherrschen.

Wer Krieg richtig zu führen weiß, richtet seine Truppen nicht gegen einen Feind auf hohem Gelände noch gegen einen Feind, in dessen Rücken sich bergiges Gelände befindet. Verfolge keinen Feind, der vorgibt zu fliehen, greife keine Armee an, deren Kampfgeist wach ist. Schlucke keinen Köder, den dir der Feind vorwirft und wenn du den Feind umzingelst, lass ihm einen Durchgang, nähere dich keinem Feind, der in Bedrängnis ist. Das ist die richtige Methode Krieg zu führen.

九变

KAPITEL 8

DIE NEUN ANPASSUNGEN

Sunzi sprach:
Wird Krieg geführt, erhält der General einen Befehl seines Herrschers, woraufhin er seine Truppen versammelt und eine Armee bildet. Er schlägt sein Lager nicht auf schwachem Grund auf und vereint sich mit seinen Verbündeten auf offenem Gelände. Er hält sich nicht in einem gefährlichen Gebiet auf. Befindet er sich auf einem geschlossenen Terrain, berät er sich und auf totem Gelände zieht er in die Schlacht. Es gibt Wege, die er nicht nimmt und es gibt Armeen, die er nicht angreift. Es gibt umwallte Städte, die er nicht attackiert und es gibt Gelände, auf dem er nicht kämpft. Es gibt Befehle des Herrschers, denen er nicht Folge leistet. Ein General, der die Vorteile der neun Anpassungen an das Gelände begriffen hat, weiß wie man Krieg führt. Ein General, der den Vorteil der neun Anpassungen nicht verstanden hat, kann den Vorteil des Terrains nicht nutzen, selbst wenn er die Formation des Geländes kennt. Ein General, der den Krieg beherrschen will, aber die Kunst der neun Anpassungen nicht verstanden hat, kann seine Soldaten nicht richtig einsetzen, selbst wenn er fünf Vorteile weiß.

Deshalb müssen die Überlegungen eines weisen Generals Vorteile und Nachteil mit einbeziehen. Berücksichtigt er die Vorteile, kann er seine Aufgabe vertrauensvoll erfüllen. Wenn er die Nachteile bedenkt, sucht er eine Lösung für Probleme.

Nur so kann er die feindlichen Fürsten durch Schaden in die Knie zwingen und sie wie Sklaven behandeln, indem er sie ständig beschäftigt. Mit einem winkenden Gewinn treibt er die Fürsten zur Eile an.

Beherrscht er die Kriegskunst, verlässt er sich nicht darauf, dass der Feind nicht kommt. Er verlässt sich auf sich selbst und ist auf den Feind vorbereitet. Er verlässt sich nicht auf einen Angriff, der nicht stattfindet, sondern darauf, dass er selbst nicht angegriffen werden kann.

Für einen General gibt es fünf Gefahren. Ist er todesmutig, kann er leicht getötet werden. Hängt er zu sehr am Leben, ist er leicht gefangen zu nehmen. Ist er von aufbrausendem Temperament, kann er schnell beleidigt werden. Ist er zu ordentlich und zu aufrichtig, fühlt er sich schnell entehrt und ist er zu besorgt um seine Männer, ist er leicht in Schwierigkeiten zu bringen. Diese fünf Eigenschaften können, wenn ein General sie übertreibt, im Krieg zu einer Katastrophe führen. Wird die Armee überwältigt und der General wird getötet, dann nur aufgrund dieser fünf genannten Eigenschaften. Deshalb ist größte Vorsicht angebracht.

行軍

KAPITEL 9

SCHLACHTPOSITION BEZIEHEN

Sunzi sprach:
Das Heer kann praktisch an allen Orten dem Feind gegenüberstehen. Wenn du mit dem Heer durch das Gebirge ziehst, halte dich an die Täler, halte nach einem erhöhten Platz Ausschau und kämpfe von der Höhe aus und nicht von unten nach oben. Dergestalt ist die Armee im Gebirge zu positionieren. Wenn der Feind das Wasser durchquert, musst du dich vom Wasser fernhalten. Wenn er den Fluss durchquert, zieh ihm nicht in den Windungen des Wassers entgegen, sondern lass die Hälfte seiner Truppen das Wasser durchqueren und greife ihn dann zu deinem Vorteil an. Wenn du kämpfen willst, dann nicht nahe am Wasser. Suche nach einem erhöhten Platz und gehe dem Feind nicht am Wasserlauf entgegen. Das heißt Krieg oberhalb eines Flusses führen. Wenn du einen Salzsumpf durchqueren musst, ziehe rasch weiter und verweile nicht. Kommt es zu einem Kampf in einem Salzsumpf, dann halte nach Wasser und Pflanzen Ausschau und sieh zu, dass Bäume deinen Rücken decken. Das ist Kriegführung in einem Salzsumpf. Auf flachem Gelände sollte das Heer an bequemer Stelle positioniert werden, sodass die rechte Flanke und der Rücken

von hohem Gelände geschützt werden, dann liegt die Todesgefahr vorn und hinten ist die Sicherheit zu leben. Das ist Krieg auf offenem Gelände. Der Gelbe Kaiser wusste um die vier Arten den Krieg zu führen und konnte deshalb die vier Kaiser besiegen.

Alle Armeen schätzen hochliegendes Gelände und verabscheuen tiefliegendes. Sie bevorzugen den Tag und achten die Nacht gering. Ein General, der sich um seine Leute sorgt, bezieht Stellung auf einem sicheren Terrain, damit das Heer keinen Mangel leidet, sodass ihm der Sieg sicher ist. Gelangt er auf hügeliges Gelände oder einen Deich, bezieht er an einem sonnigen Platz zu seinem Schutze Stellung und achtet darauf, dass die rechte Seite und der Rücken geschützt sind. Auf diese Weise nutzt er das Terrain für seinen Kampf. Fällt Regen und die Flüsse schwellen an, so wartet er bis sich die Wasser gelegt haben, bevor er sie durchschreitet. Durchzieht er ein Gebiet voller Schluchten mit tosenden Gebirgsbächen auf allen Seiten, labyrinthischen Höhlen, gefährlichen Abhängen, sodass kein Wagen passieren kann, oder ein Gebiet mit undurchdringlichem Dickicht oder natürlichen Felsspalten, so sollte er sich sputen hindurch zu kommen oder sich am besten davon fernhalten. Halte dich von all diesen Gebieten fern und überlass sie dem Feind. Du musst derlei Terrain vor dir haben, der Feind aber hinter sich. Marschiert das Heer durch schwieriges Gelände mit Sumpflöchern, bedeckt mit Schilf, oder durch dichte Gebirgswälder und dichtes Unterholz, sei auf der Hut und untersuche das Gebiet gründlich, denn es könnten sich dort Spione verbergen. Es sind tückische Orte, die ein Hinterhalt sein können.

Ist der Feind nahe und verhält er sich ruhig, dann hat er keine Angst, weil er an einer strategisch guten Position steht. Ist der Feind fern und provoziert einen Kampf, dann will er, dass deine Truppen vorrücken, weil seine Stellung von Vorteil ist. Bewegen sich die Bäume, rückt er auf dich zu. Sind im Gras viele Hindernisse, will er dich verwirren und steigen überall Vögel auf, hat er sich auf die Lauer gelegt. Verhalten sich Tiere nervös, deutet das auf einen Überraschungsangriff hin. Steigen hohe Staubwolken auf, rollen die Wagen des Feindes heran. Sind die Staubwolken niedrig, marschieren seine Soldaten. Staubwolken, die verstreut oder in Streifen dahinziehen, deuten darauf hin, dass er Feuerholz sammeln lässt. Gehen wenige Männer vor und zurück, ist das ein Zeichen, dass er ein Lager aufschlagen lässt. Leise Worte und erhöhte Vorbereitungen deuten auf ein Vorrücken hin. Laute Worte und vorpreschende Reiter zeigen seinen Rückzug an. Leichte Wagen, die zuerst an den Flanken auftauchen, sind ein Zeichen des Angriffs. Die Bitte um Frieden ohne Vertrag ist ein Zeichen von List. Hin und her laufende Soldaten und Aufstellung in Reihen zeigen, dass er einen Angriff erwartet. Rückt die Hälfte der Soldaten vor, ist das ein Köder. Soldaten, die sich auf ihre Lanzen und Hellebarden stützen, sind ein Zeichen, dass Hunger herrscht. Werden Soldaten zum Wasser holen geschickt und trinken sie zuerst, zeigt das an, dass das Heer durstig ist. Erkennt der Feind einen Vorteil, rückt aber nicht vor, sind die Soldaten erschöpft. Versammeln sich Krähen, bedeutet das, dass ein Lager aufgegeben wurde. Schreie in der Nacht zeugen von Angst. Ist das Heer aufgeregt, bedeutet das, dass der General schwach ist. Bewegen sich die Standarten hin und her, zeugt das von Unruhe im

Heer. Werden die Offiziere aggressiv, sind die Soldaten überdrüssig. Wenn sie ihre Pferde mit Getreide füttern und selbst Fleisch essen, die Soldaten keine Kessel mehr über das Feuer hängen und nicht in ihr Lager zurückkehren, sind sie zu allem bereit. Sprechen die Soldaten in gedämpftem Ton miteinander oder flüstern sie, ist das ein Zeichen von verlorenem Willen zu kämpfen. Zu viele Belohnungen zeigen an, dass der Feind sich in einer schlechten Situation befindet, zu viele Bestrafungen, dass er in Schwierigkeiten steckt. Es zeugt nicht von Intelligenz, wenn zuerst brutal losgeschlagen wird, sich dann aber Angst vor der Zahl der Feinde ausbreitet. Kommen Gesandte mit unterwürfigen Worten, wünscht der Feind eine Ruhepause. Nähern sich die Soldaten des Feindes ingrimmig, treten aber der Schlacht nicht bei und ziehen sich auch nicht zurück, ist äußerste Vorsicht und Besonnenheit angebracht. Ist die Zahl der Soldaten fast gleich mit der des Feindes, ist ein Angriff nicht anzuraten, es genügt vielmehr die Kräfte zu sammeln, den Feind zu beobachten und die Soldaten hinter sich zu versammeln. Wer nicht überlegt handelt und den Feind angreift, wird sicher gefangengenommen.

Sind dir deine Soldaten noch nicht wirklich zugetan und du bestrafst sie, werden sie sich dir nicht beugen, und das bedeutet, dass sie nur schwer Folge leisten werden. Sind dir deine Soldaten treu ergeben und du bestrafst sie nicht, kannst du sie nicht einsetzen. Du kannst sie nur für dich gewinnen, wenn du sie mit Anstand behandelst, aber militärisch drillst. Die Soldaten sind dir ergeben, wenn du sie mit Bestimmtheit ausbildest, tust du das nicht, werden sie dir nicht gehorchen. Wer seine Soldaten mit Bestimmtheit und Konsequenz führt, kann auf gegenseitigem Vertrauen aufbauen.

地形

KAPITEL 10

GELÄNDEFORMATIONEN

Sunzi sprach:
Beim Terrain gibt es unterschiedliche Formationen: leicht zugängliches, Gelände wie ein Vogelnetz, unwegsames, enges und abschüssiges, gefährliches und weitläufiges Gelände. Wenn das Gelände leicht zugänglich ist, kann ich vorwärts marschieren, aber der Feind kann dies ebenfalls, sodass man von einem Durchgangsgelände spricht. Bei einem solchen Gelände musst du zuerst die hohen und sonnigen Stellen besetzen, dann bist du im Vorteil, hast deinen Nachschub gesichert und kannst ruhig angreifen. Kannst du leicht vorwärts marschieren, dich aber nur schwer zurückziehen, spricht man von einem Gelände, das dich wie ein Vogelnetz gefangen hält. Das bedeutet, du kannst den Feind angreifen und besiegen, wenn er unvorbereitet ist. Wenn der Feind jedoch vorbereitet ist und du ihn angreifst, aber nicht siegen kannst, wird es schwer sich zurückzuziehen und du wirst im Nachteil sein. Wenn das Gelände weder für dich noch für deinen Feind vorteilhaft ist, spricht man von einem unwegsamen Gelände. Selbst wenn es für den Feind schwierig sein sollte und für dich von Vorteil, ziehst du dich besser zurück, und wenn die Hälfte

der feindlichen Armee ausrückt, schlägst du zu und sicherst dir so deinen Vorteil. Enges und abschüssiges Gelände, wie Täler, muss zuerst von dir besetzt werden, du musst dich verschanzen und dann auf den Feind warten. Falls der Feind zuerst Stellung bezogen hat und sich verschanzt hat, folge ihm nicht. Hat er sich jedoch nicht verschanzt, kannst du ihm folgen. Bei gefährlichem Gelände muss ich zuerst Stellung beziehen, die hohen und sonnigen Plätze besetzen und auf den Feind warten. Hat der Feind jedoch zuerst dort Stellung bezogen, dann folge ihm nicht, sondern zieh dich zurück. Wenn in einem weitläufigen Gelände die Stärke der Armeen gleich ist, wird es schwer sein anzugreifen. Eine Schlacht würde dir zum Nachteil gereichen.

Das sind die sechs Geländeformationen und die dazugehörigen Vorgehensweisen. Der General trägt die Verantwortung und kann deshalb nicht umhin, das Gelände gründlich zu studieren.

Eine Armee kann aufgrund des Versagens eines Generals und nicht aufgrund von natürlichen Kalamitäten in folgende Schwierigkeiten geraten: Flucht, Nachlässigkeit beim Befolgen von Befehlen, Zusammenbruch, Untergang, Chaos und verheerende Niederlage. Sind die Kräfte beider Armeen gleich, und man greift eins zu zehn an, bleibt nur die Flucht. Sind die Fußsoldaten stark, aber die Offiziere zu schwach, ist die Folge Ungehorsam und Nachlässigkeit. Sind die Offiziere stark, aber die Soldaten zu schwach, bricht die Armee zusammen. Sind die hohen Offiziere aggressiv und gehorchen dem General nicht, sondern greifen auf eigene Faust den Feind an, spricht man vom sicheren Untergang, vor allem wenn der General noch nicht einmal wusste, ob er überhaupt zu einem Angriff in der Lage ist. Ist der General zu schwach und ohne Autorität, sind seine Anweisungen unklar, Offiziere und Soldaten wissen nicht, was ihre Aufgaben sind, die Aufstellung des Heeres ist kreuz und quer, dann folgt daraus Chaos. Wenn der General den Feind nicht einschätzen kann und mit einer kleinen Truppe einen zahlenmäßig überlegenen Feind angreift, mit schwachen Soldaten einen starken Feind schlagen will und die Soldaten nicht nach Einsatzbereitschaft ausgewählt wurden, ist die Folge davon eine verheerende Niederlage. Diese sechs Situationen führen unweigerlich zum Niedergang. Ist der General verantwortungsbewusst, muss er zuvor alles genau prüfen.

Ein bestimmtes Terrain kann bei einem Kampf durchaus hilfreich sein. Der oberste Feldherr muss den Feind einschätzen können, um zu siegen, er muss Gefahren und Risiken, Entfernung und Nähe in seine Überlegungen mit einbeziehen. Wenn er alle Risiken kennt und dann angreift, ist ihm der Sieg sicher. Berücksichtigt er dies alles nicht, ist ihm die Niederlage sicher. Wenn der oberste Grundsatz beim Krieg der Sieg ist, kämpfe, selbst wenn der Herrscher befiehlt nicht zu kämpfen. Ist das Ziel nicht der Sieg, und der Herrscher befiehlt zu kämpfen, dann greife nicht an. Ein General, der nicht um des Ruhmes willen vorrückt und sich zurückzieht, ohne Schande zu fürchten, der nur daran denkt, das Volk zu schützen und Vorteil für den Herrscher zu suchen, ist ein Juwel für den Staat.

Betrachtet er die Soldaten wie seine Kinder, werden sie ihm bis in die tiefsten Schluchten folgen. Betrachtet er die Soldaten wie geliebte Söhne, werden sie bis zum Tod an seiner Seite stehen. Doch Liebe ohne Autorität, Freundlichkeit ohne Durchsetzungsvermögen ist nicht in der Lage, Chaos zu beherrschen. Behandelt er die Soldaten wie verhätschelte Kinder, sind sie zu nichts zu gebrauchen. Wenn ich weiß, dass meine Soldaten kämpfen können, aber die Unfähigkeit des Feindes zu kämpfen nicht kenne, ist das nur ein halber Sieg. Wenn ich weiß, dass die Soldaten des Feindes zum Kampf in der Lage sind und nicht weiß, dass meine Soldaten dazu nicht in der Lage sind, ist das nur ein halber Sieg. Kenne ich die Kampfbereitschaft des Feindes und weiß, dass auch meine Soldaten dazu bereit sind, ist es nur ein halber Sieg, wenn ich nicht weiß, dass das Gelände nicht für einen Kampf geeignet ist. Der erfahrene Kämpfer ist aktiv und träumt nicht und sein Handeln ist zielgerichtet. Wenn der Kämpfer den Feind und sich selbst kennt, ist der Sieg nicht in Gefahr. Kennt er Himmel und Erde, wird der Sieg vollkommen sein.

九地

KAPITEL 11

NEUN GELÄNDEFORMATIONEN

Sunzi sprach:
Die Geländeformationen können einen Krieg günstig beeinflussen. Gebiet sich zu zerstreuen, leichtes Gebiet, Kampfgebiet, offenes Gelände, strategisch günstiges Gebiet, schwieriges Gebiet, gefährliches Gebiet, umschlossenes Gebiet, tödliches Gebiet sind dabei zu berücksichtigen.

Kämpfen die Fürsten auf eigenem Gebiet, können sich die Soldaten leicht zerstreuen, da sie das Gebiet kennen. Feindliches Gebiet, in das man eindringen kann, ohne zu weit zu gehen, ist leichtes Gebiet. Gebiet auf dem ich, aber auch der Feind Vorteile erwarten können, ist Kampfgebiet. Gelände, auf dem ich vorrücken und der Feind kommen kann, ist offenes Gebiet. Ein Gebiet, das an drei Seiten an Fürstentümer grenzt, ist ein strategisch günstiges Gebiet für denjenigen, der es als erster besetzt und sich einen Großteil des Reiches untertan machen kann. Gelände, in das man tief eindringen muss und hinter sich viele umwallte Städte hat, ist ein schwieriges Gebiet. Bei einem gefährlichen Gebiet handelt es sich um ein Terrain, bei dem Berge und Wälder, gefährliche und schwierige Wege, Morast und Salzsümpfe und unwegsames Gelände passiert werden müssen, wo man leicht überrumpelt werden kann. Wer in ein Gebiet eindringt, das nur über schmale Pässe erreichbar ist, und der Rückzug infolgedessen mühsam wird und wo der Feind mit einer kleinen Anzahl an Soldaten meine Männer angreifen kann, ist ein umschlossenes Gebiet. Ein Gebiet, durch das man rasch hindurchziehen muss, da man sonst dem Untergang geweiht ist, bezeichnet man als tödliches Gebiet. Deshalb sollte man auf dem Gebiet, auf dem sich die Soldaten leicht in alle Winde zerstreuen können, nicht kämpfen, auf einem leicht zu erobernden Gebiet sich nicht aufhalten, auf einem Kampfgebiet nicht angreifen, auf offenem Gelände dem Feind nicht den Weg abschneiden, auf strategisch günstigem Gebiet sollte man sich mit seinen Verbündeten treffen, auf schwierigem Gelände sollte man plündern, auf gefährlichem Gebiet rasch durchziehen, auf umschlossenem Gelände eine Strategie parat haben und auf tödlichem Terrain kämpfen.

Die klugen Krieger des Altertums wussten wie man die Vorhut und Nachhut des Feindes auseinanderbringt, große und kleine Einheiten trennt, gute Soldaten davon abhält, den schlechten zu Hilfe zu eilen, und die Führungsschicht von den einfachen Soldaten fern hält. So sind die Fußsoldaten voneinander getrennt und können sich nicht versammeln, und wenn die Krieger vereint sind, können sie nicht gemeinsam agieren. Wenn sich Vorteile boten, wusste der kluge Feldherr sie zu nutzen, wenn sich keine boten, hielt er inne. Auf die Frage: Wie ist ein zahlenmäßig überlegener Feind zu fassen, der gut organisiert ist?, lautet die Antwort: Hole dir zuerst etwas, das ihm lieb ist, dann wird er dir gehorchen. Schnelligkeit ist die wichtigste Eigenschaft eines Kriegers, nutze sie, um den Feind zu überrumpeln, nimm einen Weg, mit dem er nicht rechnet und greife ihn an, wenn er nicht darauf gefasst ist.

Fällst du in ein feindliches Gebiet ein, so konzentriere deine Truppen je weiter du vordringst, und der Feind wird dich nicht besiegen können. Plündere die fruchtbaren Felder des Feindes, dann haben deine Truppen genug zu essen. Nimm Rücksicht auf deine Soldaten und überfordere sie nicht, sammle Kräfte und wenn du deine Truppen bewegst, gehe strategisch vor und verhalte dich so, dass du nicht berechenbar bist. Wirf deine Soldaten in die Schlacht, wenn es kein Entkommen gibt und sie werden eher sterben als dem Schlachtfeld den Rücken zu kehren. Im Angesicht des Todes werden Offiziere und Soldaten ihr Letztes geben. Krieger, die keinen Ausweg sehen, kennen keine Furcht mehr, und wenn sie keinen Fluchtweg sehen, werden sie bis zum Ende ausharren. Sind sie erst einmal tief vorgedrungen und erkennen, dass es kein Zurück gibt, werden sie hemmungslos kämpfen. Deshalb werden deine Männer auch ohne Drill in Alarmbereitschaft sein, sie werden ohne Aufforderung bereit sein, und ohne Anweisung dir treu ergeben sein und ohne Befehl vertrauen. Verbiete deinen Männern das Orakel zu befragen, zerstreue die Zweifel, und sie werden dir bis in den Tod folgen. Wenn meine Offiziere irdische Güter nicht im Überfluss haben, so heißt das nicht, dass sie Reichtum verachten. Wenn sie zuhauf sterben, so heißt das nicht, dass sie ein langes Leben nicht würdigen. An dem Tage, an dem sie in die Schlacht beordert werden, sitzen die Offiziere herum und benetzen ihre Kleidung mit Tränen. Sie liegen darnieder und die Tränen rinnen über ihre Wangen. Doch wirfst du sie in die Schlacht aus der es kein Entrinnen gibt, werden sie tapfer sein wie Zhuan Zhu und Cao Gui.

Der erfahrene Feldherr setzt seine Truppen ein wie Shuai Ran. Shuai Ran ist eine Schlange auf dem Berg Chang. Wenn du ihren Kopf angreifst, erreicht sie dich mit ihrem Schwanz, wenn du ihren Schwanz angreifst, packt sie dich mit ihrem Kopf und greifst du ihren Körper in der Mitte an, schlägt sie dich mit Kopf und Schwanz. Auf die Frage, ob du die Taktik der Schlange Shuai Ran einsetzen kannst, lautet die Antwort: Ja. Die Männer von Yueh verachten die Männer von Wu und umgekehrt. Überqueren sie jedoch gemeinsam in einem Boot einen Fluss und werden von einem Sturm überrascht, werden sie sich gegenseitig zu Hilfe eilen, wie die rechte Hand der linken hilft. Deshalb reicht es nicht aus, die Pferde festzubinden und die Wagenräder einzugraben, das heißt bis zum bitteren Ende zu kämpfen. Es gibt nur eine Art der Tapferkeit und die muss für alle gelten. Ganz gleich ob stark oder schwach, es ist alles eine Frage des Terrains. Der kluge Feldherr hält die Truppen in seiner Hand als wären sie nur ein Mann, der ohne zu zögern gehorcht.

Es ist die Aufgabe des Generals, ruhig zu bleiben und sich bedeckt zu verhalten, korrekt zu sein und Disziplin walten zu lassen. Er muss die Offiziere und Soldaten im Unklaren lassen, damit sie nichts Konkretes wissen. Indem er seine Aufgaben ändert und seine Strategien wechselt, setzt er den Feind in Unkenntnis. Er wechselt den Standort und zieht auf verschlungenen Wegen durchs Land, damit der Feind ihn nicht vorausberechnen kann. Der oberste Kriegsherr besteigt die Höhe und stößt die Leiter hinfort, die ihn nach oben getragen hat. Der oberste Kriegsherr führt seine Männer tief hinein ins Gebiet aller feindlichen Fürsten und schlägt dann los. Er ist wie ein Hirte, der seine Schafe vor sich hertreibt und von einer Weide zur nächsten eilt, ohne seinen Standort erkennen zu lassen. Er versammelt seine Truppen und wirft sie in die Gefahr, das ist die Aufgabe des Generals. Er muss die unterschiedlichen Formationen der neun verschiedenen Territorien, die Vorteile von direkten oder indirekten Manövern und die Prinzipien der menschlichen Natur genau prüfen.

Der Feldherr bedenkt Folgendes: Dringt er tief in Feindesland ein, konzentriert er seine Truppen. Dringt er nicht tief ein, zerstreuen sich seine Truppen. Verlässt er sein eigenes Land und führt seine Truppen über die Grenze, befindet er sich auf gefährlichem Boden, der weder ein Vor noch Zurück kennt. Ein Gebiet, das von allen vier Seiten zugänglich ist, ist ein offenes Gebiet. Dringt er tief ein, ist es ein schwieriges Gebiet und es ist ein leichtes, wenn er leicht eindringen kann. Er befindet sich auf umschlossenem Terrain, wenn sich in seinem Rücken Befestigungen befinden und vor ihm schmale Pässe liegen. Befindet er sich auf einem Gebiet ohne Ausweg, ist das das Gebiet des Todes. Deshalb muss ich als Feldherr in einem Gebiet, auf dem sich meine Männer leicht in alle Richtungen zerstreuen können, sie auf ein Ziel einschwören. Auf leichtem Gebiet muss ich meine Offiziere und Soldaten eng zusammenhalten. Im Kampfgebiet habe ich darauf zu achten, dass die Nachhut geschützt ist. Auf offenem Gelände muss ich auf die Verteidigung achten. Befinde ich mich auf einem Gebiet, auf dem die Wege aus verschiedenen Staaten zusammentreffen, muss ich die Bündnisse mit den Verbündeten festigen. Auf schwerem Gebiet muss ich dafür sorgen, dass der Nachschub nicht abreißt. Auf gefährlichem Terrain halte ich mich nicht auf, sondern ziehe rasch weiter. In umschlossenem Gebiet lasse ich die Pässe blockieren. Im Gebiet des Todes teile ich den Männern mit, dass es kein Entrinnen gibt. Es liegt in der Natur des Kriegers, dass er Widerstand leistet, wenn er umzingelt ist, verbissen kämpft, wenn er verloren zu sein scheint und Befehlen Folge leistet, sobald er in Gefahr ist.

Ohne die Strategien der anderen Fürsten zu kennen, kann kein Bündnis geschlossen werden. Ohne Berge und Wälder, gefährliche Abgründe und unwegsame Salzsümpfe zu kennen, kann ein Heer nicht in Marsch gesetzt werden. Ohne einheimische Führer kann man sich die Vorteile des Terrains nicht zunutze machen. Wer auch nur in einem Punkt unachtsam ist, kann kein Feldherr eines Despoten sein. Greift der Feldherr eines Despoten ein mächtiges Land an, lässt er nicht zu, dass dieses seine Truppen sammelt. Er überwältigt den Feind und verhindert, dass dieser Bündnisse eingeht. Deshalb kämpft er nicht gegen die Verbündeten des Reiches und stärkt nicht deren Vertrauen in die Macht des Reiches. Indem er den Feind überwältigt, kann er dessen umwallte Städte einnehmen und das Land unterwerfen. Er verteilt Belohnungen ohne Regeln und erlässt Befehle, ohne sich um die Politik zu scheren. Auf diese Weise leitet er die gesamte Armee als wäre sie ein Mann und setzt sie ihren Aufgaben gemäß ein, ohne ein Wort der Erklärung. Sprich zu den Soldaten von den Gewinnen, aber erwähne nicht die Gefahr. Schicke die Armee ins Verderben und sie wird überleben, setze sie der Todesgefahr aus und sie wird leben. Eine Armee, die dem Untergang geweiht scheint, kann für sich über Sieg oder Niederlage entscheiden. Daher ist es die Aufgabe des Feldherrn, die Absichten des Feindes genau zu erläutern und sich nach dem Feind zu richten. Folge dem Feind über tausend Meilen und töte seinen General. Das nennt man erfolgreich Krieg führen und seine Aufgaben vollenden.

An dem Tag, an dem du angreifen wirst, sperre alle Grenzpässe, zerbrich alle Kennzeichen und lass keine Gesandten des Feindes mehr passieren. Im Hauptquartier lass Strenge walten und kontrolliere die Situation. Wenn der Feind ein Tor öffnet, stürme hinein, nimm dir zuerst, was ihm lieb ist. Hege keine großen Erwartungen, sondern baue die Umsetzung deines Plans auf den Wechselspielen des Feindes auf, um ihn zur entscheidenden Schlacht zu zwingen. Sei deshalb zu Beginn wie eine keusche Jungfrau, und der Feind wird dir die Tür öffnen. Dann stürme hinein, sei flink wie ein Hase und der Feind wird dir nicht widerstehen können.

火攻

KAPITEL 12

ANGRIFF
MIT FEUER

Sunzi sprach:
Es gibt fünferlei Arten des Angriffs mit Feuer: Bei der ersten verbrennt man Menschen, bei der zweiten werden die Vorräte, bei der dritten die Ausrüstung, bei der vierten die Lagerhäuser und Speicher und bei der fünften die Versorgungswege verbrannt.

Bei einem Angriff mit Feuer braucht man entsprechende Mittel und diese müssen stets griffbereit sein. Um ein Feuer zu legen, bedarf es der richtigen Zeit, und wer ein Feuer entzünden will, der richtigen Tage. Die richtige Zeit bedeutet, dass das Wetter trocken ist. An den geeigneten Tagen steht der Mond in den vier Mondhäusern des Schützen, des Pegasus, des Bechers oder des Raben. An Tagen dieser vier Konstellationen kommt günstiger Wind auf. Bei einem Angriff mit Feuer muss mit fünf möglichen Änderungen des Feuers gerechnet werden. Bricht Feuer im Lager des Feindes aus, reagiere schnell mit einem Angriff von außen, wenn die Soldaten aus dem Lager stürmen. Bricht Feuer aus, doch der Feind verhält sich ruhig, warte ab und greife nicht an. Hat das Feuer seine höchste Kraft erreicht und du kannst ihm mit einem Angriff folgen, dann tu es, ansonsten bleib, wo du bist. Wenn Feuer von außen am Lager des Feindes gelegt wird, dann warte nicht bis es nach innen vorgedrungen ist, sondern greife in einem günstigen Moment an. Wenn du Feuer legst, halte dich auf der Windseite auf, greife nicht von der windabgewandten Seite an. Wind, der am Tage aufkommt, hält lange, Wind in der Nacht flaut bald wieder ab. Jede Armee muss die fünf verschiedenen Arten des Angriffs mit Feuer kennen und sich mehrfach dagegen schützen.

Derjenige, der Feuer für einen Angriff nutzt, ist klug, wer Wasser für einen Angriff einsetzt ist stark. Mit Hilfe von Wasser kann dem Feind der Weg abgeschnitten werden, aber mit Wasser kann man seiner nicht habhaft werden und ihn nicht berauben. Zu bedauern sind diejenigen, die ohne eine klare Zielsetzung sich den Sieg holen wollen! Es ist vergebene Müh. Deshalb heißt es: Der kluge Herrscher überlegt gründlich, der gute General ist konstant in der Ausführung. Winkt kein Vorteil, bewegt er sich nicht, ohne Gewinn zu erzielen, setzt er sich nicht ein und kämpft nur, wenn Gefahr droht. Ein Herrscher darf niemals seine Truppen einsetzen, um seinem Zorn Genugtuung zu verschaffen. Ein General darf nicht den Kampf dazu verwenden, seine Verachtung für den Feind auszudrücken. Rücke vor, wenn dir Gewinn winkt, bleibe wo du bist, wenn es nichts zu gewinnen gibt. Zorn kann sich in Freude verwandeln und Verachtung in Glück. Ein Land, das untergegangen ist, wird nicht wieder erstehen, ein Toter kann nicht ins Leben zurückkehren. Deshalb handelt ein weiser Herrscher bedacht, ein guter General wachsam. Dieses Verhalten sichert den Frieden des Landes.

用間

KAPITEL 13

SPIONE

Sunzi sprach:

Einhunderttausend Mann auszuheben und mit ihnen über eintausend Meilen zu marschieren, kostet täglich eintausend Geldstücke, was die Taschen des einfachen Volkes lehrt und die Ressourcen der Staatskasse aufzehrt. Es sorgt für Unruhe im Lande und Ausland, die Menschen treiben sich auf Wegen und Straßen herum, und siebenhunderttausend Familien werden von der Arbeit abgehalten. Die Armeen stehen sich oft Jahre in ihren Stellungen gegenüber, mit der Aussicht eines Tages den entscheidenden Sieg zu erringen. Wer es bedauert, einhundert Geldstücke dem Spion bezahlen zu müssen und deshalb den Feind und dessen Verhalten nicht kennt, verhält sich äußerst unmenschlich. Ein solcher Mensch ist es nicht wert der General der Armee zu sein, er ist keine Hilfe für den Fürsten und er wird kein Meister im Siegen. Deshalb müssen ein kluger Herrscher und ein weiser General im Voraus Informationen über den Feind besitzen, um die richtigen Truppenbewegungen zu leiten, zu siegen und die Massen geschickt anzuführen. Dieses Wissen im Voraus bekommt man nicht von Geistern, es kann nicht durch Gebete erlangt werden, noch durch Erfahrung, sondern man erhält dieses Wissen nur durch andere Menschen, die über die Pläne des Feindes Bescheid wissen.

Deshalb werden Spione eingesetzt, von denen es fünf verschiedene Arten gibt: die lokalen, die internen, die übergelaufenen, die todgeweihten und die überlebenden. Wenn all diese Spione am Werk sind, kennt niemand deren verschlungene Pfade, und es heißt, sie bilden ein geheimnisvolles Netz und sind für den Herrscher eine Kostbarkeit. Die lokalen Spione werden entsprechend ihrer Ortskenntnisse eingesetzt. Die internen Spione befinden sich unter den Beamten des Feindes. Die übergelaufenen Spione gehörten ehemals dem Feind. Die todgeweihten Spione werden zur Täuschung eingesetzt, sie tragen Informationen nach außen, die meine Spione wissen und die der Feind in die Hände bekommen soll. Die überlebenden hingegen sind diejenigen, die Informationen zurück ins Lager bringen.

In einer Armee sind die Bindungen zu den Spionen am engsten. Sie werden am freigiebigsten belohnt und ihnen wird größtes Vertrauen geschenkt. Ohne Weisheit können Spione nicht eingesetzt werden, ohne Menschlichkeit kann man Spione nicht leiten. Ohne Fingerspitzengefühl ist von Spionen die Wahrheit nicht zu erfahren. Spione sind für viele Zwecke einzusetzen, doch dafür muss man das entsprechende Feingefühl besitzen. Werden Informationen voreilig von Spionen weitergegeben, sind sowohl der Spion als auch der Empfänger der Nachricht mit dem Tode zu bestrafen.

Bevor man eine Armee angreifen, Städte erobern und andere Menschen töten möchte, muss man zuerst wissen, wer der Feldherr der feindlichen Armee ist, wer seine Adjutanten sind, seine Helfer, seine Wächter und wer die Männer im Lager sind. Meine Spione müssen diese Informationen zuerst herausfinden. Meine Spione müssen die Spione des Feindes, die in mein Lager schleichen, ausfindig machen, sie müssen bestochen werden, angeleitet und meinem Lager zugeteilt werden, denn als übergelaufene Spione können sie von Nutzen sein und wertvolle Informationen liefern. Mit Hilfe der übergelaufenen Spione können die lokalen Spione ausfindig gemacht und den eigenen

Diensten unterstellt werden. Dank des Wissens der übergelaufenen Spione können todgeweihte Spione eine Finte auslegen und dem Feind eine Nachricht zuspielen. Und dank der Kenntnisse der übergelaufenen Spione können die überlebenden zu bestimmten Zeiten eingesetzt werden. Ein Herrscher muss diese fünf Arten der Spione unbedingt kennen. Da der Herrscher dieses Wissen von den übergelaufenen Spionen bezieht, muss er ihnen unbedingt besonders gewogen sein.

Der Aufstieg der Yin-Dynastie war Yi Zhi der Xia-Dynastie zu verdanken, der Aufstieg der Zhou Lu Ya der Yin. Nur der kluge Herrscher und der weise General sind in der Lage zu erkennen, dass das höchste Wissen den Spionen zu verdanken ist, und dass nur durch sie der größte Erfolg errungen werden kann. Im Krieg sind Spione von höchster Bedeutung, denn von ihren Informationen hängt jede Bewegung der Armee ab.